Mein erstes Weihnachts-Bastelbuch

Fröhliche Ideen für Kinder ab 2

christophorus

Inhalt

7 Vorwort

8 Tipps zum Basteln

10 **Plätzchenduft & Kerzenschein**

11 Zaubersternchen

12 Nikoläuse aus Holz

14 Tütenschneemann

16 Weihnachtsgirlande

18 Weihnachtswichtel Werner

20 Knusperhäuschen

21 Stoffhäusleanhänger

22 Kunterbunte Kerze

24 Winterlichtlein

26 **Holler Boller Rumpelsack**

27 Knuspernüsse

28 Recyclinghaus für den Nikolaus

30 Knüllstiefel

31 Bäumchen

32 Fingerschneemänner

34 Orangenduft liegt in der Luft

35 Kerzenlichtlein

36 Weihnachtskarten

38 Robert, das Rentier

40 Erdnussmännchen

42 Wichteltüte

44 Adventsmobile

46 **Kleiner grüner Tannenbaum**

47 Bratapfel

48 Salzteigbaumschmuck

50 Krippenfiguren

54 Zwerge im Wald

56 Adventskranz

58 Bunte Prickelsterne

60 Tannenwichtel

62 **Väterchen Frost**

63 Kinderpunsch

64 Blumentopfglocken

66 Schneewölkchen

68 Rentiersocke Rosemarie

70 Karlo, der Kalte

72 Könige aus dem Morgenland

74 Pinguinkind

76 Impressum

Vorwort

Die Advents- und Weihnachtszeit ist für Kinder immer sehr aufregend.
Sie lieben die heimelige Winterstimmung und freuen sich, wenn sie zusammen
mit Eltern, Großeltern und Freunden basteln können.

Die Kleinen sind kreativ und haben viel Fantasie. Sie sind neugierig, wollen
lernen und die Welt entdecken. Und dazu brauchen sie Anregungen.

Schon für die Allerkleinsten und ihre ersten Bastelversuche finden sich in
diesem Buch schöne Ideen. Auf konkrete Altersangaben oder Schwierigkeits-
stufen wurde bewusst verzichtet, denn jedes Kind ist anders.

Alle Basteleien sind schnell vorzubereiten und die meisten Materialien sind
zu Hause schon vorhanden. Leere Joghurtbecher, alte Socken und Klopapierrollen werden recycelt, und Tannenzapfen, Stöckchen und Rindenstücke sind
draußen zu finden. Dann fehlen nur noch Papier, Filz, Bastelfarbe und einige
Kleinigkeiten.

Bei den meisten Ideen können die Kinder viele Arbeitsschritte schon selbst-
ständig ausführen. Aber sie benötigen immer wieder mal Hilfestellungen und
aufmunternde Unterstützung, wenn etwas nicht auf Anhieb klappt.

Gelungen ist die Bastelei dann, wenn die Kleinen strahlen.

Eine fröhliche und kreative Weihnachtszeit wünschen

Ihre Autorinnen

Tipps zum Basteln

Papier

Kinder unter 3 Jahren können Tonpapier am besten mit der Bastelschere schneiden. Tonpapier gibt es in vielen leuchtenden Farben im Hobbyfachhandel. Festeres Papier, z. B. Fotokarton, eignet sich für die Kleinen noch nicht so gut.

Schneiden

Kindern aus Sicherheitsgründen immer eine Kinderschere mit abgerundeter Spitze geben. Das Schneiden fällt den Kleinen am Anfang oft schwer, deshalb sollten sie immer wieder dazu ermuntert werden, es zu versuchen, auch wenn die Formen nicht perfekt werden.

Kleben

Beim Kleben benötigen Kinder oftmals noch Hilfe. Klebestifte, aber auch Flüssigkleber oder Klebefilm eignen sich gut für kleine Hände. Wenn Kleber beim Zusammenlegen der einzelnen Teile am Rand hervorquillt, lässt er sich, solange er noch feucht ist, mit einem sauberen, weichen Radiergummi vorsichtig entfernen.

Fingerfarben

Hier kommen die Sinne auf Hochtouren! Fingerfarben gibt es in vielen verschiedenen Farbtönen. Es ist aber nicht notwendig, alle Farben vorrätig zu haben. Es genügt, sich zunächst Gelb, Blau, Rot, Braun, Schwarz und Weiß anzuschaffen. Die fehlenden Farben können dann ganz leicht gemischt werden.

Finger- und Handdruck

Das Bemalen von Kinderhänden sowie das (vorsichtige) Aufdrücken der Handfläche bzw. einzelner Finger auf einen Papierbogen sollten unter Anleitung und mithilfe eines Erwachsenen durchgeführt werden. Den Arbeitsplatz dabei mit alten Zeitungen schützen. Kinder tragen am besten einen alten Malkittel, z. B. ein altes Hemd.

Stempeln

Wer mit Bauklötzen spielt, kann auch schon stempeln. Bei der Stempelfarbe lohnt es sich, auswaschbare Kinderfarbenstempelkissen zu kaufen oder mit Wasserfarbe oder verdünnter Plakatfarbe zu arbeiten. Denn richtige Stempelfarbe hält fast ewig auf Kleidern, Kinderhaut und Mamis!

Anmalen

Gesichter und feinere Linien können mit dickeren Filzstiften und Bunt- oder Wachsmalstiften aufgetragen werden. Dabei stets auf das CE-Gütesiegel achten, das die Unbedenklichkeit der Stifte für Kinderhände garantiert.

Zerreißen

Das ist die einfachste und coolste Art, Papier zu zerkleinern.

Naturmaterial sammeln

Bitte beim Sammeln keine Zweige von Sträuchern und Bäumen abreißen. Die meisten Früchte fallen auch von allein ab. Pflanzen, die unter Naturschutz stehen, dürfen natürlich nicht verwendet werden. Zum Sammeln der Fundstücke eignen sich am besten Stofftaschen oder Kartons, denn in Plastiktüten faulen und schimmeln die meist noch feuchten Naturmaterialien leicht.

Naturmaterial trocknen

Das gesammelte Material sortieren und auf Zeitungspapier ausbreiten. Die einzelnen Fundstücke dürfen nicht aufeinanderliegen, sonst schimmeln sie. Das Material sollte auch nie direkt an der Heizung oder neben dem Ofen getrocknet werden, denn so wird es schnell spröde und zerbricht.

Plätzchenduft und Kerzenschein

Fröhliche Ideen für die Vorweihnachtszeit

Zaubersternchen

Zuerst wäschst du die Apfelsine, reibst die Schale ab, presst den Saft aus und stellst beides beiseite. Gib dann die Butter in eine Schüssel und schlage sie mit dem Quirl des Handrührgerätes schaumig. Füge den Honig, das Ei, 1–2 EL Apfelsinensaft sowie die Schale hinzu und rühre oder knete weiter, bis sich der Honig ganz aufgelöst hat. Nun mischst du das Backpulver unter das Mehl und gibst alles löffelweise in die Schüssel. Rühre so lange, bis ein weicher Teig entsteht und stelle ihn in den Kühlschrank. In der Zwischenzeit kannst du den Puderzucker in eine kleine Schüssel sieben, die Zitrone auspressen und Saft und Wasser mit dem Puderzucker verrühren, bis die Glasur glatt ist. Danach rollst du den Teig auf einem bemehlten Brett etwa 1–2 cm dick aus, stichst mit einem Förmchen Sterne aus und legst sie auf ein gefettetes Blech. Backe sie im vorgeheizten Backofen bei 175 °C etwa 12–15 Minuten. Zum Schluss bestreichst du die Sternchen mit der Zuckerglasur.

Zutaten:

- 100 g Zucker
- 80 g Honig
- 1 Ei
- 250 g Mehl
- ½ TL Backpulver
- 1 Bio-Apfelsine

Und für die Glasur:

- 250 g Puderzucker
- 1 Zitrone
- 1–2 EL Wasser

Nikoläuse aus Holz

Du brauchst:

rote Allesfarbe, einen schwarzen Filzstift, rotes und weißes Tonpapier, eine Säge, einen Ast (Ø 2–4 cm), feines Schmirgelpapier, Locher, Kleber, Schere, doppelseitiges Klebeband

So geht's:

1. Suche einen schönen Ast und lasse ihn von einem Erwachsenen in mehrere Teile sägen. Dabei wird eine Seite des Aststücks jeweils gerade, die andere schräg abgesägt.

2. Mit feinem Schmirgelpapier kannst du die schräge Oberfläche etwas glätten. Male nun mit roter Allesfarbe etwa ein Drittel der oberen Schrägseite des Stockes rot an und lasse die Farbe trocknen.

3. In der Zwischenzeit schneidest du aus weißem Tonpapier einen Bart für den Nikolaus zurecht.

4. Wenn die rote Farbe getrocknet ist, klebst du den Bart mit doppelseitigem Klebeband auf das Holz und malst mit Filzstift zwei Augen auf. Klebe zum Schluss einen roten Locherpunkt als Nase auf und male einen fröhlichen Mund auf den Bart.

Tipp:

Wenn die Farbkante der roten Nikolausmütze etwas gerader werden soll, kann mit etwas Klebeband, das man vor dem Malen aufklebt, nachgeholfen werden.

Tütenschneemann

So geht's:

1. Schneide aus weißem Tonpapier zwei Quadrate von 5 x 5 cm und 7 x 7 cm zu und aus dem schwarzen Tonpapier zwei Rechtecke von 7 x 1,5 cm und 5 x 4 cm. Nun fehlt noch ein kleines Rechteck von 2 x 1,5 cm, das du aus dem orangefarbenen Tonpapier zurechtschneidest.

Zu 1.

2. Schneide dann alle Ecken der zwei weißen Quadrate schräg ab und klebe diese als Kopf und Körper aufeinander. Bei den schwarzen Rechtecken schneidest du jeweils von einer breiten Seite zwei Ecken ab. Setze dann diese beiden schwarzen Teile als Hut zusammen und klebe sie auf den Kopf.

3. Zwei schwarze Locherpunkte kannst du nun als Augen aufkleben und drei weitere als Knöpfe auf den Bauch.

4. Für die Karotte schneidest du das orangefarbene Rechteck einmal diagonal durch und klebst die Nase ins Gesicht.

5. Schneide nun von der Butterbrottüte auf einer Seite den höheren Rand ab, sodass beide Seiten gleich lang sind. Den Schneemann klebst du jetzt auf die Butterbrottüte. Als Schnee kannst du etwas Watte am unteren Rand anbringen.

6. Zum Schluss stellst du ein Glas mit einem brennenden Teelicht vorsichtig in den Tütenschneemann.

Du brauchst:

eine Butterbrottüte, weißes, orangefarbenes und schwarzes Tonpapier, Watte, Glas mit Teelicht, Kleber, Schere, Locher

Weihnachts-girlande

So geht's:

1. Male mit den Ausstechförmchen als Schablone mit Bleistift verschiedene weihnachtliche Formen auf das helle Tonpapier.

2. Jetzt kannst du nach Lust und Laune die Formen ausmalen. Übermalen ist in Ordnung!

3. Wenn alles schön bunt ist, schneidest du die Anhänger aus und bemalst sie anschließend auch noch auf der anderen Seite. Verziere dann alles noch mit Glitzerstiften, Klebepünktchen und Dekotapes.

4. Nimm nun einen Locher zur Hilfe, um ein Loch in jede Form zu machen.

5. Fädele die Anhänger auf die Filzschnur und verziere sie noch nach Belieben mit Perlen.

Du brauchst:

Ausstechförmchen, helles Tonpapier, Bunt- oder Wachsmalstifte, Bleistift, Filzschnur, Schere, Locher, bunte Perlen, Dekotape, Glitzerstift, bunte Klebepunkte

Weihnachtswichtel Werner

Du brauchst:

grünen, cremefarbenen und roten Tonkarton, weißes, rotes und schwarzes
Tonpapier, Fundstücke aus der Natur:
zwei Walnusshälften, drei Eichelhütchen,
ein Hütchen von der Zerreiche, einen
Erlenzapfen und ein Rindenstück, Schere,
Locher, Klebstoff und Heißkleber

So geht's:

1. Zuerst schneidest du aus grünem Tonkarton ein Rechteck, 15 x 12 cm groß, und einen Streifen in der Größe 20 x 2 cm aus. Aus rotem Tonkarton schneidest du außerdem ein Rechteck von 11 x 9 cm und einen Kreis mit einem Durchmesser von 2,5 cm aus.

2. Jetzt brauchst du noch ein 8 x 8 cm großes Quadrat aus cremefarbenem Tonkarton und einen weißen Tonpapierstreifen, der 1 cm breit ist.

3. An einer schmalen Seite des dunkelgrünen Rechtecks schneidest du nun zwei Ecken ab (Körper). Den dunkelgrünen Streifen halbierst du (Arme). Schneide das rote Rechteck spitz zu (Mütze). Den roten Kreis halbierst du und verwendest eine Hälfte davon als Mund. Dann schneidest du vom weißen Streifen zwei kleine Stücke ab (Augen).

4. Nun kannst du die Einzelteile des Kopfs mit Klebstoff zusammensetzen. Bringe zwei schwarze Locherpunkte als Pupillen an. Klebe nun den Kopf auf den Körper und befestige die beiden Arme an der Rückseite des Körpers.

Zu 2.

Zu 3.

5. Zum Schluss bittest du einen Erwachsenen, die Naturfundstücke und das Rindenstück mit Heißkleber am Wichtel anzubringen, so wie es dir gefällt.

Knusperhäuschen

So geht's:

1. Zuerst stellst du Puderzuckerkleber her. Dazu verquirlst du etwa 200 g Puderzucker mit etwas Zitronensaft. Der Puderzuckerkleber lässt sich gut auftragen, wenn man ihn in einen Spritzbeutel oder einen Plastikbeutel mit abgeschnittener Spitze gibt.

2. Nun nimmst du zwei Butterkekse für das Dach und legst sie vor dich auf den Tisch. Trage etwas Puderzuckerkleber auf und verziere diesen nach Lust und Laune mit Schokolinsen und Streuseln.

3. Spritze auf einen dritten Keks zwei Streifen Puderzuckerkleber und lege dann die verzierten Dachteile zu einem Dreieck zusammen.

4. Bestreue die noch nicht ganz getrocknete Puderzuckermasse mit Streuseln und setze zwei Gummibärchen als Bewohner auf die Terrasse.

Du brauchst:
1 Packung Butterkekse, 200 g Puderzucker, etwas Zitronensaft, 1 Päckchen Gummibärchen, Schokolinsen, bunte Streusel

Tipp:
Damit der Kekskleber schneller trocknet und die Kinder nicht ungeduldig werden, kann der Puderzucker auch mit einem frischen Eiweiß anstatt mit Zitronensaft angerührt werden. So wird er zäher und klebt noch besser.

Stoffhäusle-anhänger

So geht's:

1. Schneide ein Stück Geschenkband ab und falte es auf die Hälfte zusammen. Am besten überlegst du vorher, wie groß das Haus werden soll, und nimmst dann die doppelte Länge.

2. Dann klebst du mit dem doppelseitigen Klebeband die offenen Seiten links und rechts zusammen und füllst etwas Watte hinein.

3. Schneide nun als Dach zwei gleiche Dreiecke aus Filz aus und klebe die offene Seite des Geschenkbandes mit Klebeband zwischen die beiden Dachflächen.

4. Zum Schluss kannst du mit der Stopfnadel einen Faden durch die Dachspitze ziehen. Dann hängst du das Häusle auf.

Du brauchst:
breites Geschenkband in verschiedenen Mustern, roten Bastelfilz, doppelseitiges Klebeband, Watte, Faden, Stopfnadel, Schere

Kunterbunte Kerze

Zu 1.

So geht's:

1. Zuerst faltest du den weißen Papierbogen in der Mitte zusammen und öffnest ihn gleich wieder. Tropfe dann verschiedene Fingerfarben direkt aus der Flasche auf eine Papierhälfte.

2. Falte den Papierbogen erneut zusammen und streiche mit der Handfläche darüber, bis sich die Farbe gleichmäßig verteilt hat. Öffne nun das Papier wieder.

3. Sobald die Farbe getrocknet ist, schneidest du einen Abdruck entlang der äußeren Farbkante aus. Dies ist nun die Kerze.

4. Für die Flamme schneidest du aus gelbem Tonpapier ein Quadrat aus, das in seiner Größe zum Farbdruck passt. Schneide dann die Ecken des gelben Quadrats ab. Aus schwarzem Tonpapier schneidest du einen etwa 1 cm breiten Streifen aus – dies wird der Docht.

5. Setze anschließend alle Einzelteile der Kerze mit Klebstoff zusammen.

Zu 2.

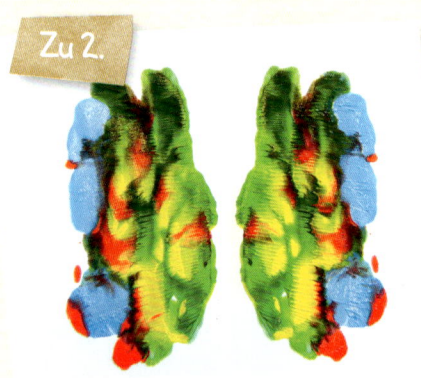

Zu 3.

Zu 4.

Du brauchst:

bunte Fingerfarben, gelbes und schwarzes Tonpapier, einen weißen Papierbogen DIN A4 groß, Schere, Klebstoff

Winterlichtlein

So geht's:

1. Schneide zuerst viele Stücke in unterschiedlichen Größen und Farben aus dem Transparentpapier aus. Wenn du magst, kannst du die Stücke auch ausreißen. Kleistere sie ein und beklebe das Glas nach Lust und Laune.

2. Dann schneidest du Sterne aus Transparentpapier aus und klebst sie ebenfalls auf. Die Sterne müssen gar nicht gleichmäßig aussehen.

3. Um den oberen Rand des Glases wickelst du ein Stück Bast und bindest einen Tannenzweig daran fest.

4. Stelle nun eine Drahtspirale her. Dafür wickelst du Basteldraht fest um einen Kochlöffelstiel und streifst ihn anschließend vorsichtig ab. Auch damit kannst du den Rand verzieren.

5. Zum Schluss kann ein brennendes Teelicht vorsichtig ins Glas gestellt werden und schon ist es ganz gemütlich im Zimmer. Lass dir hierbei von einem Erwachsenen helfen!

Du brauchst:

ein großes Einmachglas, Transparentpapier in Rot- und Gelbtönen, Tannenzweig, Bast, Basteldraht, Kleister, Pinsel, Schere, Teelicht

Holler Boller Rumpelsack

Bunte Geschenke für Lieblingsmenschen

Knuspernüsse

Brich die Schokolade in kleine Stücke und fülle sie in einen kleinen Topf. Bitte einen Erwachsenen, diesen Topf in einen größeren mit heißem Wasser gefüllten Topf zu stellen. Lasse die Schokolade nun in diesem Wasserbad langsam schmelzen. Wenn die Schokolade flüssig ist, nimmst du den kleinen Topf vorsichtig heraus und mischst die Butter, den Zucker, die Nüsse und die Cornflakes vorsichtig unter die Schokolade. Dann lässt du alles ein wenig abkühlen, bis die Masse gut zusammenhält. Setze nun kleine Häufchen der Schoko-Nuss-Masse in die Papierförmchen. Sobald die Knuspernüsse fest geworden sind, kannst du sie verschenken oder die eine oder andere selbst vernaschen.

Zutaten:

- 125 g Vollmilchschokolade
- 1 EL Butter
- 1 EL brauner Zucker
- 50 g gehackte Walnüsse
- 50 g Cornflakes
- 20 kleine Papierförmchen

Recyclinghaus für den Nikolaus

So geht's:

1. Sammle leere Getränkekartons in verschiedenen Größen, wasche sie gut aus und lasse sie anschließend trocknen.

2. Durch den Schraubverschluss füllst du dann mithilfe des Trichters etwas Sand oder Reis in den Getränkekarton ein. So kann das Haus später nicht so leicht umfallen. Nun bittest du einen Erwachsenen, den Schraubverschluss vorsichtig mit einem Cutter oder einem scharfen Messer abzutrennen. Die Öffnung klebst du mit Paketband gut zu.

3. Für das Dach misst du zuerst die Oberseite des Getränkekartons aus und gibst in der Länge und Breite jeweils einige Zentimeter dazu, damit das Dach etwas übersteht. Aus rotem Tonkarton schneidest du dann dieses rechteckige Stück aus, faltest es in der Mitte und klebst es oben auf. Eventuell muss die Schweißstelle an der Spitze des Getränkekartons noch vorsichtig abgeschnitten werden.

4. Miss nun das Dreieck unterhalb des Daches aus, schneide es aus rotem Tonkarton zu und klebe es auf.

5. Nun kannst du alle vier Seiten des Hauses nach Herzenslust gestalten: Beklebe und verziere es mit Papier und buntem Dekotape, male Fenster, Türen und Dachziegel, und was dir sonst noch einfällt.

Du brauchst: ⭐ ✴

leere Getränkekartons in verschiedenen Größen, roten Tonkarton, weißes Zeichenpapier, Sand oder Reis, Trichter, Cutter, Buntstifte, Paketband, Dekotape, Allesfarbe, Schere, Kleber

Knüllstiefel

Zu 1.

So geht's:

1. Zuerst malst du die Stiefelform auf roten Tonkarton. Beginne mit einem Rechteck von etwa 21 x 13 cm. An die lange Seite des Rechtecks angrenzend zeichnest du ein Quadrat von 9 x 9 cm. Nun braucht der Stiefel noch einen Absatz: Male dafür ein kleines Dreieck, 2 x 1 cm groß, in die Schuhunterseite. Jetzt kannst du den Schuh ausschneiden und die Ecken etwas abrunden.

2. Auf das weiße Papier malst du ein Rechteck von etwa 15 x 7 cm. Schneide es aus und runde auch hier die Ecken ab. Das weiße Rechteck klebst du als Schaft oben an den Stiefel.

3. Reiße nun kleine Stückchen des Krepppapiers ab und knülle sie zu kleinen Kugeln in deiner Hand zusammen. Bestreiche den roten Stiefel mit Kleber und befestige die Kügelchen darauf.

4. Zum Schluss bestreichst du auch den weißen Teil des Stiefels mit etwas Klebstoff und legst Watte darauf. Drücke die Watte leicht an, damit sie hält.

Bäumchen

So geht's:

1. Aus grünem Tonkarton schneidest du Quadrate in den Größen 25 x 25 cm und 20 x 20 cm zu. Dann legst du ein schönes Rindenstück bereit.

2. Schneide nun beide Quadrate diagonal durch.

3. Die entstandenen Dreiecke klebst du übereinander, sodass eine schöne Tanne entsteht. Dann dekorierst du den Baum mit Heißkleber nach Lust und Laune mit den Naturfundstücken. Lass dir dabei von einem Erwachsenen helfen.

4. Befestige zum Schluss noch das Rindenstück als Stamm hinter der Tanne.

Zu 2.

Du brauchst:

grünen Tonkarton, ein kleines Rindenstück, verschiedene Naturfundstücke, wie z.B. kleine Zapfen, Nüsse, Bucheckern- und Eichelhütchen, Schere, Kleber, Heißkleber

Finger-Schneemänner

So geht's:

1. Wenn du keine Blankokarten hast, schneide aus Tonkarton in einer dunkleren Farbe ein Rechteck von 15 x 22 cm aus und halbiere es in der Mitte.

Zu 2.

2. Nun bemale deine Handinnenfläche und die Finger, aber ohne den Daumen, mithilfe eines Pinsels oder eines kleinen Schwämmchens mit weißer Fingerfarbe. Mache dann mit deiner Hand einen Abdruck auf der Karte und lasse die Farbe trocknen.

3. Schneide nun aus buntem Tonkarton Hüte für die Schneemänner zurecht: Rechtecke, deren Ecken du abrundest, und Dreiecke. Aus orangefarbenem Tonkarton schneidest du kleine Rechtecke von etwa 1 x 1 cm und halbierst sie diagonal für die Nase.

Zu 4.

4. Klebe nun die Hüte und Nasen auf die Schneemänner.

5. Zum Schluss malst du mit Filzstift Augen und Mund auf.

Zu 5.

Du brauchst:

buntes Tonpapier, weiße Fingermalfarbe, Pinsel oder Schwämmchen, Blankokarten oder Tonkarton, einen schwarzen Filzstift, Schere, Kleber, Dekotape

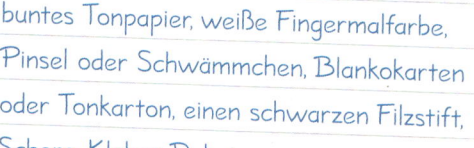

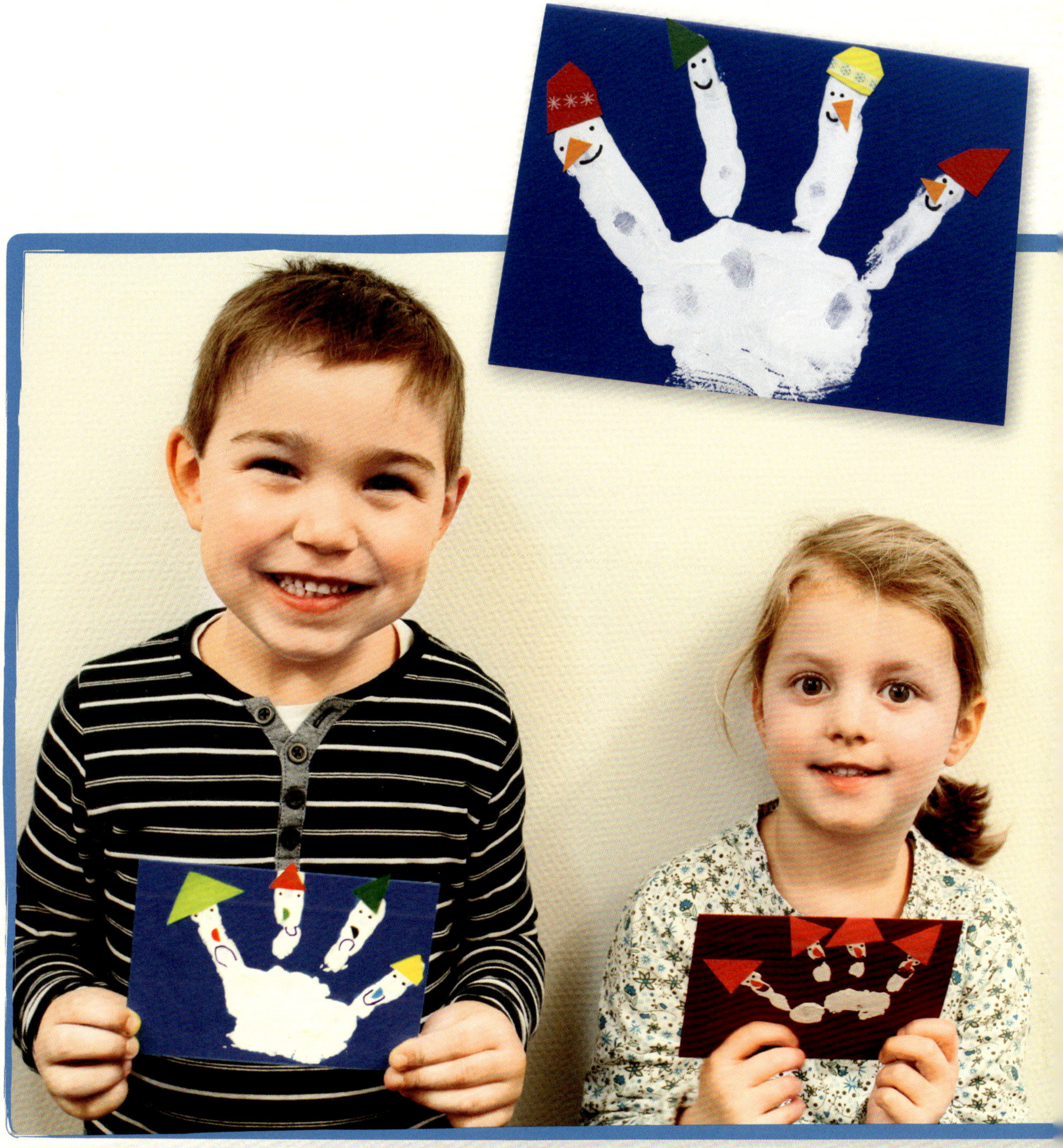

Tipp:
Mit bunter Fingerfarbe und der Fantasie der Kinder können noch die schönsten anderen Weihnachtswesen entstehen: lustige Zwerge, Engel, Nikoläuse.

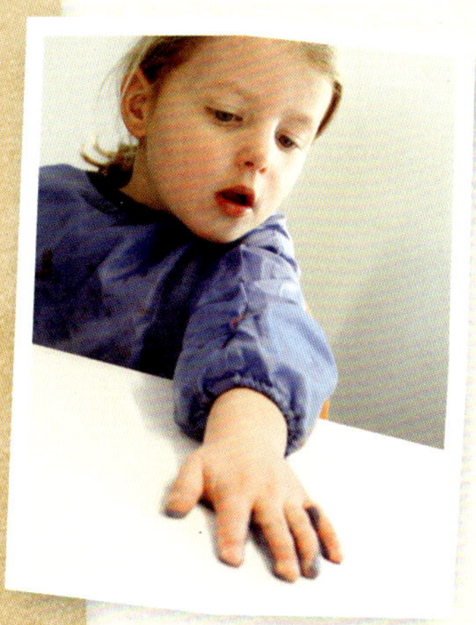

Orangenduft liegt in der Luft

So geht's:

1. Zunächst bittest du einen Erwachsenen, die Orangen in Scheiben zu schneiden.

2. Lege die Orangenscheiben nebeneinander auf einige Blätter Zeitungspapier und lasse sie in der Nähe der Heizung trocknen.

3. Sobald sie fest geworden sind, kannst du sie mit Sternanis dekorieren, wie es dir gut gefällt.

4. Ziehe dann ein langes Band unterhalb der Schale durch jede Scheibe hindurch.

Kerzenlichtlein

So geht's:

1. Betupfe die Teefiltertüte mit den Filzstiften, befeuchte sie mit Wasser und lasse sie dann trocknen.

2. Schneide in der Zwischenzeit ein Rechteck aus gelbem Tonpapier, etwa 6 x 8 cm, zurecht und aus schwarzem Tonpapier einen etwa 1 cm breiten Streifen.

3. Vom gelben Rechteck schneidest du dann alle vier Ecken ab, wobei du auf einer schmalen Seite etwas großzügiger sein kannst, damit die Flamme spitz zuläuft. Vom schwarzen Papierstreifen schneidest du ebenfalls ein Stück ab und klebst ihn als Docht von hinten an den Teefilter.

4. Befestige zum Schluss die gelbe Tonpapierflamme mit Kleber am Docht.

Zu 1.

Zu 2.

Du brauchst:
eine weiße Teefiltertüte (Größe 2), gelbes und schwarzes Tonpapier, Filzstifte in Gelb, Rot und Orange, Schere, Kleber

Weihnachtskarten

So geht's:

1. Schneide zunächst aus grünem und gelbem Tonkarton einige Dreiecke in verschiedenen Größen aus.

2. Wenn du keine Blankokarten hast, schneidest du aus hellem Tonkarton ein Rechteck von 15 x 22 cm zurecht und halbierst es in der Mitte.

3. Nun kannst du die verschiedenen Formen aufkleben. Zwei gelbe Dreiecke formen einen Stern, drei Dreiecke werden zu einem Tannenbaum. Schneide auch einen braunen Baumstamm aus und eine weiße Schneefläche. Zum Schluss verzierst du die Karten nach Herzenslust mit Bunt- und Glitzerstiften und Dekotape.

Tipp:
Auf diese Weise lassen sich nicht nur bezaubernde Weihnachtskarten basteln, sondern auch hübsche Geschenkanhänger.

Robert, das Rentier

Du brauchst:

weißes, rotes, schwarzes und braunes Tonpapier, zwei Eichenblätter, eine leere Klopapierrolle, braune Fingerfarbe, Pinsel, Schere, Klebstoff, Locher

So geht's:

1. Schneide zunächst zwei braune Rechtecke aus Tonpapier zu: eins in der Größe 8 x 7 cm, das zweite in der Größe 16 x 3 cm. Dann schneidest du vom weißen Tonpapier einen Streifen von etwa 1,5 cm Breite zurecht und einen roten Kreis mit einem Durchmesser von etwa 2 cm.

2. Schneide das längere braune Rechteck nun einmal in der Mitte durch. Danach schneidest du die zwei entstandenen Hälften für die Beine diagonal durch. Am anderen braunen Rechteck rundest du für den Kopf die Ecken ab. Halbiere nun den roten Kreis und verwende eine Hälfte davon als Mund. Vom weißen Streifen schneidest du für die Augen zwei Stücke ab.

3. Jetzt kannst du alle Einzelteile des Gesichts zusammensetzen. Klebe auch zwei schwarze Locherpunkte als Augen und einen roten Locherpunkt als Nase auf. Die beiden Eichenblätter dienen als Ohren und werden mit Kleber am Kopf befestigt.

Zu 1.

Zu 2.

4. Bemale nun die Klopapierrolle mit brauner
Fingerfarbe und lasse sie trocknen.

5. Bestreiche dann den Rentierkopf mit Klebstoff
und bringe ihn an der Klopapierrolle an. Klebe
auch die vier Beine seitlich an. Zum Schluss kannst
du die unteren spitzen Enden der Beine noch ein
Stück umknicken, sodass Robert besser steht.

Erdnuss-männchen

So geht's:

1. Zuerst malst du ein lustiges Gesicht auf eine Erdnuss. Dann klebst du Haare oder einen Bart aus Watte oder Märchenwolle daran fest.

2. Schneide aus Filz oder Krepppapier einen Kreis von etwa 5 cm Durchmesser aus. Dafür kannst du ein Glas zu Hilfe nehmen, um das du herumzeichnest. Den Kreis schneidest du dann in vier Teile. Aus einem Viertelkreis drehst du einen Spitzhut zusammen und klebst ihn auf den Kopf des Männchens.

3. Befestige das Erdnussmännchen mithilfe von Paketband vorsichtig an einem Stöckchen.

4. Schneide nun aus Stoff oder Krepppapier Stücke von etwa 6 x 8 cm aus. Klebe diese als Kleid um das Männchen herum, sodass das Paketband verdeckt wird.

Du brauchst:
Erdnüsse, Filz, Krepppapier, Watte, Märchenwolle, Stöckchen, Schere, Kleber, Filzstifte, Paketband

Wichteltüte

So geht's:

1. Bemale die Papiertüte mit Bastelfarbe in einem schönen Muster.

2. Auf Tonpapier zeichnest du Sterne, Herzen oder andere Motive auf. Als Schablone kannst du Ausstechförmchen verwenden.

3. In die ausgeschnittenen Formen machst du noch ein Loch, sodass du ein Stück Schnur an jedem Motiv festbinden kannst.

4. An das andere Ende der Schnur kommt nun ein Wichtelgeschenk, das in eine Serviette eingepackt wird.

5. Zum Schluss kannst du die Geschenke in die Tüte legen und jeder, der an einem Stern zieht, angelt sich seine Überraschung aus der Tüte.

Du brauchst:

Papiertüte, Tonpapier, Schnur,
Servietten, Ausstechförmchen,
Stift, Schere, Bastelfarbe, Pinsel

Advents-mobile

So geht's:

1. Zuerst legst du einen Tannenzweig, zwei Rinden-stücke, zwei Zapfen und etwas Naturbast bereit.

2. Schneide nun aus rotem Tonkarton ein Rechteck aus, das 20 x 6 cm groß ist, und anschließend zwei Quadrate aus gelbem Tonkarton von je 5 x 5 cm. Lege dann noch einen Streifen aus schwarzem Ton-karton von 10 x 1 cm bereit.

3. Halbiere nun für die Kerze das rote Rechteck und für den Docht den schwarzen Streifen. Von den gelben Quadraten schneidest du jeweils vier Ecken ab.

4. Zum Abschluss setzt du alle Einzelteile mit Kleb-stoff zusammen.

Zu 2.

Zu 3.

Du brauchst:

einen Tannenzweig, zwei kleine Rindenstücke, zwei Zapfen, Natur-bast, gelben, roten und schwarzen Tonkarton, Schere, Klebstoff und Heißkleber

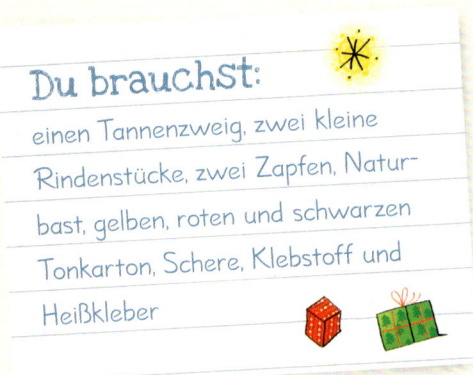

Kleiner grüner Tannenbaum

Liebevolles für den Weihnachtsabend

Bratapfel

Wasche die Äpfel gut ab und schneide den oberen Teil des Apfels, den „Deckel", ab. Mit einem Apfelstecher entfernst du dann das Gehäuse. Nun werden Mandeln, Marzipan, Rosinen, Vanillezucker und Zimt gut miteinander verknetet und anschließend mit einem Teelöffel in die Öffnung der Äpfel hineingedrückt. Nachdem du die Deckel wieder aufgesetzt hast, setzt du die Äpfel in eine mit Butter gefettete, ofenfeste Form und backst sie im vorgeheizten Backofen bei 200 °C. Nach etwa 25 Min. kannst du den warmen Bratapfel zusammen mit köstlichem Vanilleeis verspeisen.

Zutaten:

- 4 Äpfel (am besten fest und säuerlich, z.B. Boskop)
- 50 g gehackte Mandeln
- 50 g Rosinen
- 60 g Marzipan (Rohmasse)
- 20 g Butter
- 4 Stück Würfelzucker
- 1 Päckchen Vanillezucker
- 1 Prise Zimt
- Honig

47

Salzteig-baumschmuck

So geht's:

1. Für den Salzteig vermischst du zunächst 2 Tassen Mehl, 2 Tassen Salz und 1 Tasse Wasser und verknetest sie zu einer festen Modelliermasse.

2. Diese Masse rollst du dann gleichmäßig etwa 1 cm dick aus und stichst mit Ausstechern verschiedene Formen in den Teig. Löse die Formen vorsichtig aus dem Teig.

3. Nun bohrst du mit dem Zahnstocher ein Loch in jede Form und lässt sie etwa zwei Tage an der Luft oder eine halbe Stunde im Ofen bei etwa 100 °C trocknen.

4. Bemale danach die Formen bunt mit Bastelfarbe und bestreue die nasse Farbe mit Flimmer, Pailletten oder was dir sonst noch gut gefällt.

5. Nach dem Trocknen der Farbe ziehst du einen Silber- oder Goldfaden durch das Loch. An diesem kannst du den farbenfrohen Adventsschmuck aufhängen.

Du brauchst:

Salzteig oder andere Modellier-
masse, Bastelfarbe, Flimmer,
Pailletten, Silber- oder Goldfaden,
Ausstechformen, Zahnstocher

Krippenfiguren

Zu 1.

Zu 2.

Zu 3.

Maria und Josef

So geht's:

1. Für die Körper von Maria und Josef bemalst du die zwei Klopapierrollen mit hautfarbener Fingerfarbe und lässt sie trocknen. Auch die zwei Styroporkugeln bemalst du mit Hautfarbe.

2. Nun schneidest du einen weißen, etwa 1,5 cm breiten Tonpapierstreifen zu und fertigst einen Kreis mit einem Durchmesser von etwa 2 cm aus rotem Tonpapier an.

3. Schneide vom weißen Tonpapierstreifen vier Stücke ab, klebe schwarze Locherpunkte als Pupillen darauf und befestige sie als Augen auf den Kugeln. Den roten Kreis schneidest du einmal in der Mitte durch und klebst beide Hälften als Mund auf. Zwei rote Locherpunkte werden zu den Nasen.

Du brauchst:

zwei leere Klopapierrollen, hautfarbene
Fingerfarbe, 2 Styroporkugeln (etwa 5 cm Ø),
blaue und grüne Stoffreste, weißes und
rotes Tonpapier, braune und gelbe Märchenwolle, Pinsel, Schere, Klebstoff, Locher,
Heißkleber

Zu 4.

4. Für die Umhänge schneidest du zwei Rechtecke von je etwa 12 x 16 cm aus grünem und blauem Stoff zu. Diese klebst du dann um die Klopapierrollen herum. Die Enden können dabei leicht nach außen stehen gelassen werden.

5. Befestige die Köpfe mit Heißkleber an den Körpern. Zum Schluss kannst du den Figuren mit Märchenwolle eine schöne Haarpracht verleihen.

Zu 5.

Jesuskind

So geht's:

1. Schneide mit einem Messer ein etwa 6 cm langes Stück von der Klopapierrolle. Dann fertigst du aus weißem Tonpapier einen etwa 1 cm breiten Streifen und aus rotem Tonpapier einen Kreis von etwa 2 cm Durchmesser an. Lege dir dann ein Stück Kreppapier bereit.

2. Nun schneidest du vom weißen Tonpapierstreifen zwei Stücke ab, klebst schwarze Locherpunkte als Pupillen darauf und befestigst sie als Augen auf der Kugel. Schneide den roten Kreis einmal in der Mitte durch und lege den Halbkreis als Mund bereit. Dann

Du brauchst:

dünne Papprolle (etwa 3 cm Ø), Kreppapier, Styroporkugel (etwa 3,5 cm Ø), ein altes Küchenmesser, hautfarbene Fingerfarbe, weißes und rotes Tonpapier, Pinsel, Schere, Klebstoff, Locher, für die Krippe: eine leere Klopapierrolle, Stroh

Zu 1.

schneidest du das Krepppapier etwa auf die Größe der Papprolle zu und klebst es als Windel um die Papprolle herum.

3. Für den Kopf bemalst du die Styroporkugel mit hautfarbener Fingerfarbe und lässt die Farbe trocknen. Nach dem Trocknen kannst du alle Einzelteile des Gesichts und einen roten Locherpunkt als Nase auf den Kopf kleben. Zum Schluss kann der Kopf mit Heißkleber von einem Erwachsenen am Körper befestigt werden.

4. Als Nächstes schneidest du für die Krippe aus der Klopapierrolle der Länge nach etwa ein Drittel heraus. Lege dann ein bisschen Stroh hinein.

5. Zum Schluss legst du das Jesuskind in die Krippe und stellst Maria und Josef dazu.

Zu 2.

Zu 4.

So geht's:

1. Schneide zunächst ein quadratisches Faltblatt etwa in der Größe 10 x 10 cm zurecht und falte das Blatt Spitze auf Spitze.

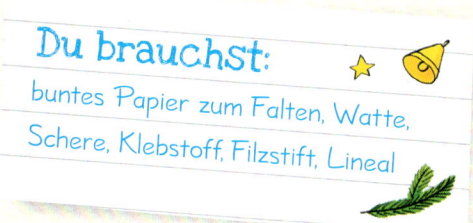

Du brauchst:
buntes Papier zum Falten, Watte, Schere, Klebstoff, Filzstift, Lineal

2. Öffne das Blatt wieder und lege die beiden äußeren Ecken bis zur Mittellinie. Das kleine untere Dreieck knickst du ebenfalls um.

3. Dreh den Zwerg um und klebe ihm einen kleinen Kreis aus hellem Tonpapier auf, den du mit einem frechen Gesicht bemalst. Befestige Haare und Bart aus Wolle ebenfalls mit Klebstoff.

4. Auf die gleiche Weise faltest du die Tannenbäume, von denen einige ruhig etwas größer sein können als die Zwerge.

Adventskranz

Du brauchst:

vier Rindenstücke, gelben und
schwarzen Tonkarton, Schere,
Klebstoff, Heißkleber

So geht's:

1. Schneide aus gelbem Tonkarton vier Quadrate,
je 5 x 5 cm, zu. Bereite dann einen schwarzen
Tonkartonstreifen, 20 x 1 cm, vor und lege vier
Rindenstücke bereit.

2. Nun trennst du von den gelben Quadraten jeweils
drei Ecken für die Flammen ab. Den schwarzen
Streifen schneidest du für die Dochte in vier Teile.

3. Setze dann die Flammen und Dochte jeweils
mit Klebstoff zusammen und bringe etwas
Heißkleber an den Rückseiten der Rindenstücke
an. Wer möchte, kann die Kerzen noch auf einem
orangefarbenen Naturpapierbogen befestigen
und mit Filzschnüren verzieren.

Zu 1.

Zu 2.

Bunte Prickelsterne

So geht's:

1. Zeichne je zwei gleich große Sterne auf Tonpapier und auf Transparentpapier auf. Als Schablone kannst du eine sternförmige Backform nehmen.

2. Die Transparentpapiersterne schneidest du dann mit einer Schere aus, für das Tonpapier nimmst du die Prickelnadel, um die Sterne herauszulösen.

3. Prickele die kleineren Sterne innerhalb der Tonpapiersterne aus und klebe auf jeden ausgeprickelten Tonpapierstern einen Stern aus Transparentpapier.

4. Das bunte Seidenpapier reißt du in Schnipsel, bekleisterst einen Transparentpapierstern und klebst die Schnipsel darauf.

5. Klebe nun die beiden Sternhälften mit den Transparentpapierseiten aufeinander. Zum Abschluss ziehst du an einem Zacken des Sterns einen Faden zum Aufhängen durch.

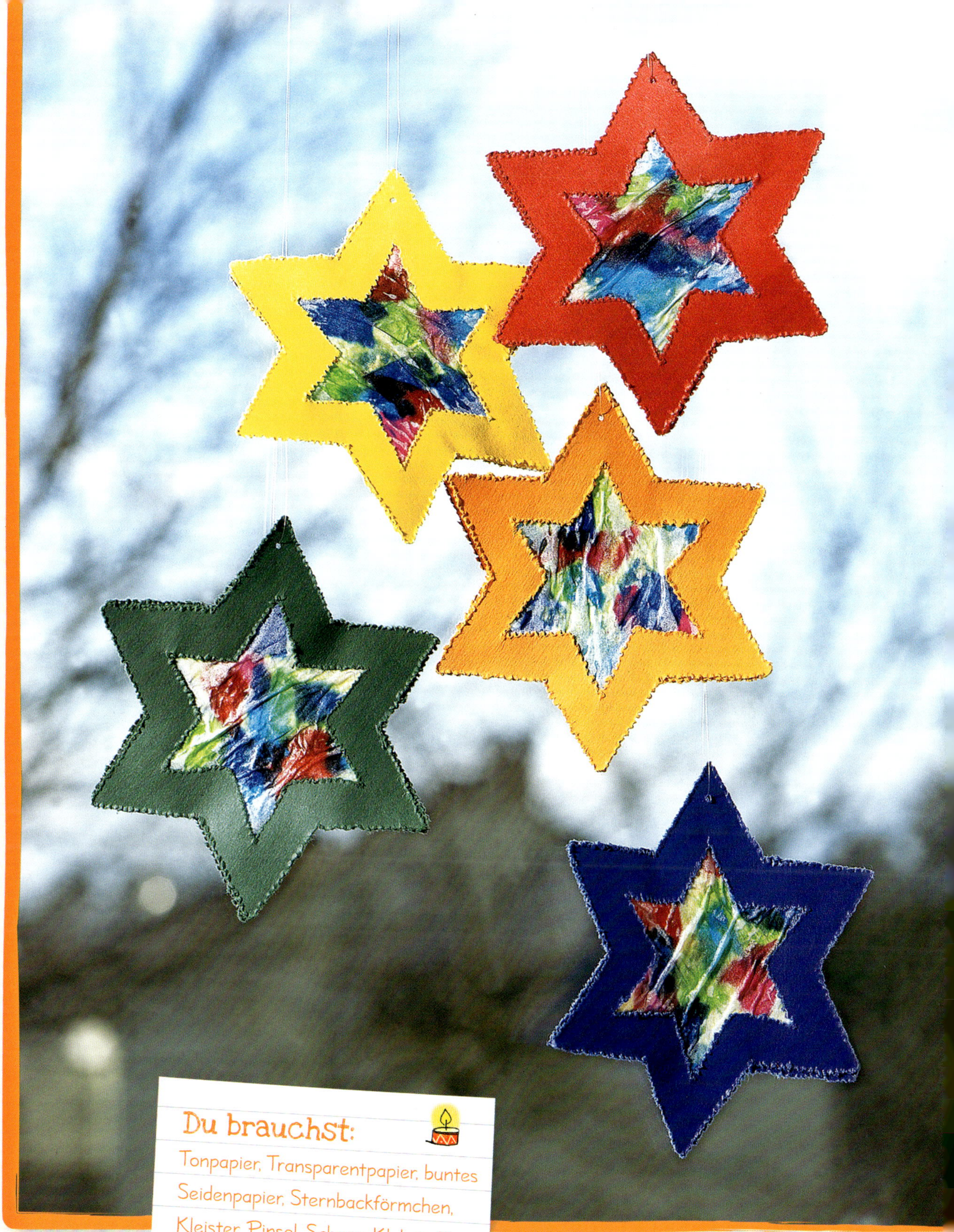

Du brauchst:

Tonpapier, Transparentpapier, buntes Seidenpapier, Sternbackförmchen, Kleister, Pinsel, Schere, Klebstoff, Stift, Prickelnadel, Faden, Nadel

Tannenwichtel

Du brauchst:

Tannenzapfen, Knete in verschiedenen Farben, Papier, Schere, Klebstoff

So geht's:

1. Sammle ein paar Tannenzapfen, bei denen die Schuppen schön offen stehen, und verziere sie mit Augen und Nase aus bunter Knete. Drücke die Zapfen auf einem größeren Stück Knete fest, dann stehen sie sicher.

2. Als Kopfschmuck kannst du in die Spitze des Zapfens Federn stecken oder Moos aufsetzen oder du bastelst kleine Hüte aus Papier.

3. Wenn du möchtest, kannst du die Zapfenfiguren weiter ausschmücken, z. B. mit kleinen Ästen als Arme und Gras als Haare.

Väterchen Frost

Wir basteln gegen den kalten Winter!

Kinder- punsch

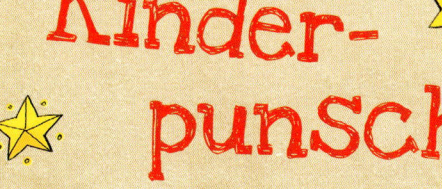

Zutaten:
Du brauchst für vier Tassen:

- 4 TL Hagebuttentee
- 500 ml Wasser
- 1 Nelke
- ½ Bio-Zitrone
- 2–3 TL Himbeersirup

Bring das Wasser zum Kochen, gib die Teeblätter in eine Kanne und gieße sie mit dem kochenden Wasser auf. Dann schälst du die halbe Zitrone und gibst die Schale zusammen mit der Nelke in den Tee. Lass ihn fünf Minuten ziehen. Rühre nun den Himbeersirup hinein und gieße den Adventspunsch vorsichtig durch ein Sieb in die Tassen. Zum Servieren schneidest du noch die Zitronenhälfte in dünne Scheiben und steckst sie zur Dekoration an den Tassenrand.

Blumentopfglocken

So geht's:

1. Zuerst grundierst du die Blumentöpfe in deiner Lieblingsfarbe.

2. Male sie danach schön bunt an und verziere die Glocken, wie es dir gefällt. Vergiss nicht, auch die Innenseite der Glocke zu bemalen.

3. Bevor die Farbe ganz getrocknet ist, kannst du etwas Glitzer in die Farbe streuen.

4. Fädele nun eine bunte Holzperle auf die Kordel. Sobald die Farbe getrocknet ist, steckst du die Kordel durch das Loch am Blumentopfboden und knüpfst einen dicken Knoten. Ziehe die Holzperle dann so weit hinunter, bis sie an den Rand des Blumentopfes schlagen kann.

5. Nun kann die Glocke im Garten oder auf dem Balkon angebracht werden.

Du brauchst:

kleine Tonblumentöpfe, wasserfeste Bastelfarbe, Glitzersterne, Kordel, bunte Holzperlen, Schere, Kleber

Tipp:
Hängst du an die Kordel zusätzlich einen Meisenknödel, locken die Glöckchen noch allerlei Vögel an, die man schön beobachten kann.

Schneewölkchen

So geht's:

1. Zunächst malst du eine schöne runde Wolke auf den weißen Tonkarton und schneidest sie aus.

2. Schneide dann einige Wollfäden in verschiedenen Größen ab.

3. Nun reißt du kleine Stückchen von der Watte ab und formst daraus kleine Bällchen in deiner Hand.

4. Die kleinen Schneebällchen werden jetzt vorsichtig an die Wollfäden geklebt.

5. Anschließend klebst du die Wollfäden am unteren Rand der Wolke fest und klebst die ganze Wolke dann auf das blaue Transparentpapier. Achte dabei darauf, dass die Wollfäden noch frei schwingen können.

6. Stanze zum Schluss mit dem Sternstanzer ein paar Sterne aus und klebe diese als Dekoration mit auf das Papier.

Du brauchst:

weißen Tonkarton, blaues Transparentpapier, weiße Wolle, Watte, Schere, Kleber, Sternstanzer

Rentiersocke Rosemarie

So geht's:

1. Zuerst stopfst du in den Vorderteil der Socke etwas Füllwatte und formst damit Rosemaries Schnauze.

2. Aus dem Tonkarton schneidest du nun für Rosemaries Maul ein rotes Rechteck aus. Für die Länge des Rechtecks misst du etwa von der Ferse bis zur Sockenspitze und halbierst diese Zahl. Die Breite des Rechtecks entspricht in etwa der Breite der Sockenunterseite. Schneide dieses Rechteck aus, runde die Ecken ab und falte es in der Mitte.

3. Stecke nun deine vier Finger in die Socke. Dein Daumen sitzt in der Sockenferse und dort klebst du das rote Maul auf, damit du Rosemaries Kiefer mit dem Daumen bewegen kannst.

4. Nun schneidest du zwei kleine Löcher an die Stelle in der Socke, an der das Geweih sitzen soll. Stecke einen Pfeifenputzer hindurch und forme aus den Enden ein schönes Geweih. Hierfür legst du aus dem Pfeifenputzer viele Schlingen.

5. Klebe nun Rosemaries Augen an die passende Stelle. Entweder verwendest du dafür Wackelaugen oder du schneidest zwei Kreise aus weißem Tonkarton aus und malst eine schwarze Pupille darauf.

Du brauchst:

eine braune alte Socke (gewaschen),
Füllwatte, braunen Pfeifenputzer,
Wackelaugen oder weißen Tonkarton
und schwarzen Filzstift, roten Tonkarton, Schere, Kleber

Karlo, der

So geht's:

1. Schneide aus dem weißen Tonpapier zwei Quadrate, 12 x 1... 10 x 10 cm, aus. Vom schwarzen Glanzpapier schneidest du einen 6 x 20 cm großen Streifen und einen 2 x 20 cm breiten Streifen ab. Dann bereitest du außerdem ein Rechteck aus orangefarbenem Glanzpapier, etwa 5 x 3 cm groß, vor.

2. Nun schneidest du vom breiten Glanzpapierstreifen ein Stück für den Hut ab. Vom schmalen Glanzpapier schneidest du fünf kleine quadratische Stücke ab. Dies werden Karlos Augen und Knöpfe. Von den beiden weißen Quadraten schneidest du dann alle Ecken ab. Das orangefarbene Recht- eck halbierst du diagonal und verwendest eine Hälfte davon als Nase.

3. Für Karlos Hut klebst du dann die beiden schwarzen Glanzpapierstreifen der Abbildung entsprechend übereinander. Klebe den Hut auf Karlos Kopf.

70

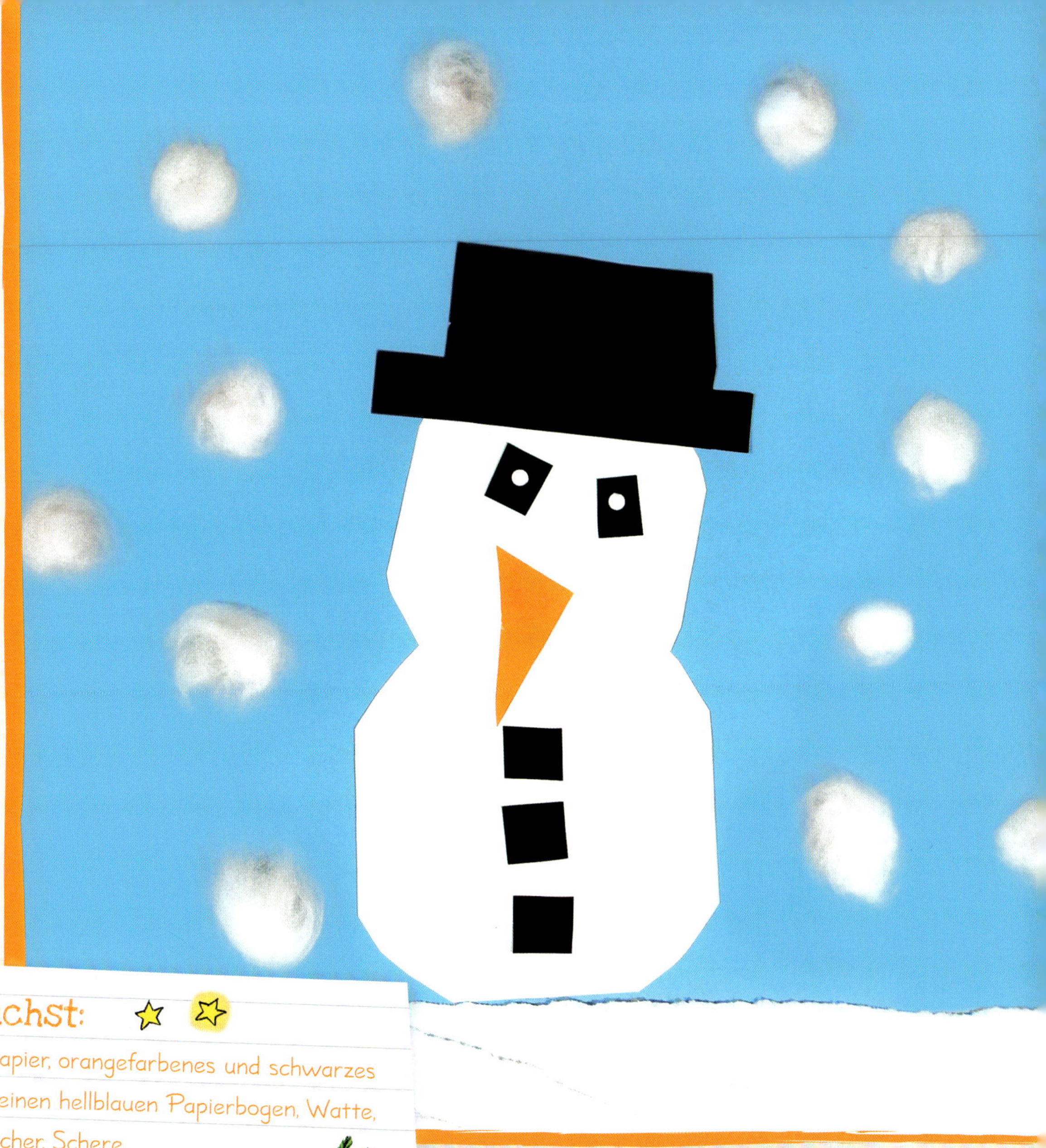

Du brauchst:

weißes Tonpapier, orangefarbenes und schwarzes Glanzpapier, einen hellblauen Papierbogen, Watte, Klebstoff, Locher, Schere

4. Jetzt kannst du drei Glanzpapierstücke als Knöpfe auf dem Körper anbringen.

5. Klebe den Kopf auf den Körper. Wenn du möchtest, kannst du noch weiße Tonpapierstreifen als Schneefläche auf einen hellblauen Papierbogen kleben und den Schneemann darauf anbringen. Forme aus Watte kleine Kügelchen und klebe sie als Schneeflocken auf das Bild.

6. Zum Schluss klebst du noch Augen und Nase auf den Kopf. Vergiss nicht, zwei kleine weiße Locherpunkte als Pupillen anzubringen.

Könige aus dem Morgenland

So geht's:

1. Wasche die Joghurtbecher gut aus und lasse sie trocknen.

2. Auf die Styroporkugeln malst du königliche Gesichter und klebst die Köpfe auf der Unterseite der Joghurtbecher fest.

3. Wähle ein Tonpapier passend zur Becherfarbe und schneide je drei lange Streifen davon ab, die einmal rund um die Mitte der Joghurtbecher reichen.

4. Schneide als Hände sechs kleine Rechtecke aus hautfarbenem Tonpapier aus und runde die Ecken ab. Nun klebst du je zwei Hände an die Enden der Arme. Die Arme klebst du anschließend einmal um den Joghurtbecher herum fest.

5. Wähle eine neue Tonpapierfarbe aus und schneide daraus ein Rechteck oder Dreieck, das die Könige als Geschenk tragen. Klebe nun das Geschenk zwischen die Hände der Könige.

6. Aus gelbem Tonpapier schneidest du nun drei Kronen aus, die auf die Styroporkugeln passen. Verziere sie mit Dekotape und Filzstiften und klebe sie den Königen auf den Kopf.

7. Wenn du möchtest, kannst du den Königen noch mit Watte einen Bart basteln und ihre Gewänder mit Dekotape schmücken.

Du brauchst:

3 einfarbige leere Joghurtbecher, buntes
Tonpapier, 3 Styroporkugeln (etwa 4–6 cm Ø),
Dekotape, Filzstifte, Watte, Schere, Kleber

Pinguinkind

Zu 2.

Zu 3.

Zu 4.

So geht's:

1. Bemale zwei Wattepads mit schwarzer Wasserfarbe und lasse sie trocknen.

2. Schneide dann einen orangefarbenen Tonpapierstreifen, etwa 0,5 cm breit, und einen weißen Tonpapierstreifen, etwa 1 cm breit, zurecht. Aus orangefarbenem Tonpapier schneidest du ein Rechteck von etwa 6 x 3 cm aus.

3. Nun schneidest du für die Pinguinaugen zwei Stücke vom weißen Streifen ab und klebst darauf je einen schwarzen Locherpunkt als Pupille. Das orangefarbene Rechteck faltest du in der Mitte zusammen und schneidest es auf der geöffneten Seite für den Schnabel spitz zu. Klebe dann alle Einzelteile des Gesichts mit Klebstoff auf ein schwarzes Wattepad.

4. Schneide jetzt ein schwarzes Wattepad einmal in der Mitte durch und klebe beide Hälften als Flügel auf das weiße Wattepad.

5. Für die Eisberge tunkst du einen rechteckigen Schwamm in die weiße Fingerfarbe und bedruckst damit den blauen Papierbogen. Lasse die Farbe danach gut trocknen.

6. Schneide vom orangefarbenen Streifen zwei Stücke ab, knicke sie etwa 1 cm weit um und klebe sie von hinten an das weiße Wattepad. Zum Schluss kannst du noch Kopf und Körper auf dem mit Eisschollen bedruckten Papierbogen anbringen.

Danke

Wir bedanken uns ganz herzlich bei Susanne Winter und der Kita Sonnengarten in Munzingen bei Freiburg für die Gastfreundschaft. Ricardo und Line, Lilli, Lotte, Tim, Alessio, Samira und Ben danken wir für die fröhlichen Bastel- und Fotonachmittage. Und nicht zuletzt: Ein großes Dankeschön an alle Mamas, die bei den Fotoshootings und Basteltreffen so viel Geduld gezeigt haben.

Impressum

Entwürfe & Realisation: Johanna Bach, Seiten 34, 48/49; Eva Danner & Beate Vogel, Seiten 14/15, 18/19, 31, 35, 38/39, 44/45, 50-53, 56/57, 70/71, 74/75; Manuela Forscht, Seiten 24/25, 40-43; Sabine Lohf, Seiten 60/61; Svenja Malinowski, Seiten 12/13, 16/17, 20, 28/29, 30-33, 36/37, 64-69, 72/73; Ursula Ritter, Seiten 54/55; Martha Steinmeyer, Seiten 21; Astrid Wiebe, Seiten 58/59

Illustrationen: Ina Hattenhauer

Fotos: Reinhard Biermann, Seiten 14/15, 18/19, 31, 44/45, 56/57, 70/71; Roland Krieg, Seiten 35, 38/39, 50-53, 74/75; Sabine Lohf, Seiten 60/61; Selina Pfrüner, Titelbild, Seiten 5, 10, 12/13, 16/17, 26/27, 28/29, 36/37, 46/47, 62/63, 68/69, 76/77; Charlotte Richter, Seiten 12/13, 16/17, 20, 28/29, 30, 32/33, 36/37, 64-69, 72/73; Christoph Schmotz, Seiten 21, 34, 54/55, 58/59; Martin Stiefenhofer, Seiten 24/25, 40-43, 48/49

Redaktion: Astrid Spüler

Gesamtgestaltung und Satz: GrafikwerkFreiburg

Reproduktion: Meyle + Müller GmbH & Co. KG, Pforzheim

Druck und Verarbeitung: polygraf print, Slowakei

ISBN 978-3-8388-3540-2
Art.-Nr. CV3540

© 2014 Christophorus Verlag GmbH & Co. KG, Freiburg
Alle Rechte vorbehalten

☎ Kreativ-Service

Sie haben Fragen zu den Büchern und Materialien? Frau Erika Noll ist für Sie da und berät Sie rund um alle Kreativthemen. Rufen Sie an! Wir interessieren uns auch für Ihre eigenen Ideen und Anregungen. Sie erreichen Frau Noll per E-Mail: mail@kreativ-service.info oder Tel.: +49 (0) 5052/91 18 58 Montag–Donnerstag: 9–17 Uhr / Freitag: 9–13 Uhr

Besuchen Sie uns im Internet: www.christophorus-verlag.de